CATALOGUE

DU MUSÉE

DE

CHERBOURG

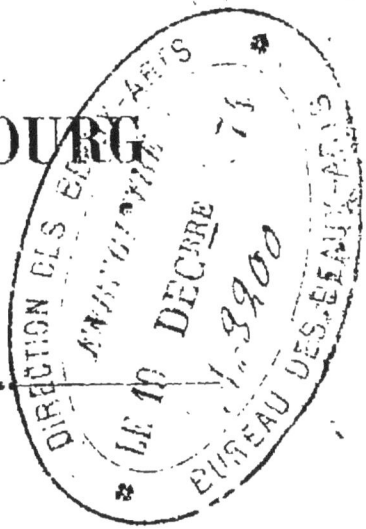

CHERBOURG

IMPRIMERIE AUGUSTE MOUCHEL, PLACE DU CHATEAU

1870

NOTICE

DES TABLEAUX

COMPOSANT

LE MUSÉE DE CHERBOURG

PRIX : 1 FRANC

CHERBOURG

IMPRIMERIE D'AUGUSTE MOUCHEL, PLACE DU CHATEAU

1870

TOUS LES TABLEAUX COMPRIS DANS LA PREMIÈRE

PARTIE DE CE CATALOGUE ONT ÉTÉ DONNÉS

DE 1831 A 1834

Par M. THOMAS HENRY, de Cherbourg,

ALORS COMMISSAIRE DES MUSÉES ROYAUX A PARIS

_____

Le Conseil Municipal, pour témoigner sa reconnaissance

à ce généreux compatriote,

a donné au Musée le nom de MUSÉE-HENRY

—▷—★—◁—

Le Musée-Henry a été inauguré le 29 juillet 1835.

_____

TABLEAUX

Donnés par M. THOMAS HENRY

Les noms des Peintres sont classés par École et inscrits par ordre alphabétique; mais dans l'arrangement des Tableaux sur les murs de la galerie, on s'est réglé d'après les exigences du local, combinées, autant que possible, avec celles de la symétrie.

ÉCOLES D'ITALIE

ALBANE (François ALBANI, dit l'), *né à Bologne en 1578, mort dans la même ville en 1660; élève de Denis Calvart et des Carrache.*

1. — La salutation angélique. A genoux sur un prie-dieu dans sa modeste demeure, la Vierge Marie se tourne vers Gabriel, auquel elle est censée répondre :

« Voilà la servante du Seigneur; qu'il me soit fait selon votre parole. » Le céleste messager, soutenu par un nuage, est prosterné devant la bien-aimée de Dieu, dont le Saint-Esprit accomplit la suprême volonté.

2. — La circoncision. Le grand-prêtre est assis et fait une invocation au Seigneur. Sur ses genoux est déposé l'Enfant-Jésus qui se tourne vers sa mère et lui tend les bras. A la droite du vénérable vieillard sont placés deux lévites tenant des cierges allumés. Un enfant dispose les choses nécessaires pour une ablution.

ALLORI (Christophe), *né à Florence en 1577, mort en 1621; élève de son père.*

3. — Le sacrifice d'Abraham. Un ange retient les bras du patriarche prêt à immoler Isaac, et lui annonce que Dieu est satisfait de son obéissance.

BAROCHE (François), *né à Urbain en 1528, mort dans la même ville en 1612; élève de J. B. Venetiano.*

4. — Saint François d'Assise en extase devant un crucifix.

BASSAN (Jacques DA PONTE, de BASSANO, dit le), *né en 1510, mort en 1592.*

5 et 5 bis. — L'automne et l'hiver figurés par les travaux qui ont lieu pendant le cours de chacune de ces saisons.

CANELLA, *peintre milanais.*

6. — Vue du boulevard Montmartre à Paris.

CARAVAGE (Michel–Ange AMERIGHI, dit le), *né en 1569 dans le château de Caravage, territoire de Milan, mort à Rome en 1609. Il n'eut point de maître.*

7. — La mort d'Hyacinthe. Il expire dans les bras d'Apollon, dont les traits sont presque aussi décolorés que ceux de son malheureux ami. Ovide a dit : « Ainsi que Hyacinthe, le dieu pâlit lui-même. »

ÉCOLE FLORENTINE A SA PREMIÈRE ÉPOQUE

et au XIVᵉ siécle

8. — Un ermitage. Au premier plan, un jeune homme dont la tête est entourée de l'auréole des saints est assis sur un gazon émaillé de fleurs, et se couvre le visage comme pour dérober aux regards les marques de son affliction. Un second personnage est placé derrière lui; plus loin on en remarque un troisième à l'entrée d'une grotte pratiquée sous un rocher.

Quatrième Epoque

9. — Déposition de croix. Le corps de Jésus repose sur les genoux de sa mère, dont les regards élevés vers le Ciel expriment une profonde douleur. Quatre anges, placés derrière et aux côtés de la Vierge, tiennent des cierges allumés et veillent avec elle sur la dépouille mortelle du Fils de Dieu, tandis que ses disciples sont allés préparer sa sépulture.

10. — Le mariage de la Vierge.

FONTANA (Lavinie), *élève de son père, naquit à Bologne en 1552, et mourut à l'âge de 52 ans.*

11. — L'adoration des Mages. Assise près de l'étable où elle a donné le jour au Messie, la Vierge-Mère, l'heureuse Marie, présente cet enfant à l'un des Mages qui se prosterne devant lui. Ce Mage est un vénérable vieillard; son offrande est renfermée dans un coffret que saint Joseph examine avec attention. Un autre Mage est debout, un vase d'or à la main. Le troisième est encore à cheval à la tête de son cortège. Un nain tenant deux chiens en laisse est à la gauche du tableau.

FRA GIOVANNI ANGELICO (Santi Tosini, surnommé dans son couvent), *dominicain, né en 1387. Il travaillait encore pour la cathédrale d'Orviette en 1457.*

12. — La mise au tombeau. Joseph d'Arimathie, aidé de la Vierge et de Madeleine, rend les derniers devoirs à Jésus-Christ.

FURINI (François), *né à Florence vers 1600, mort dans la même ville en 1646; élève de son père.*

13. — Personnage historique représentant une jeune femme qui tire une épée de son fourreau. L'auteur a-t-il voulu représenter Judith saisissant l'épée d'Holopherne pour lui trancher la tête, ou bien la reine Sémiramis s'armant pour aller combattre ses ennemis?

La première interprétation est la plus vraisemblable, l'arme pesante que tient cette femme n'étant pas appropriée à la délicatesse de ses mains.

GABBIANI (Antoine-Dominique), *né à Florence en 1652, mort en 1722; élève de Subtermans, de Vincenzio et de Ciro-Ferri.*

14. — La Vierge, tenant son divin fils sur ses genoux, apparaît au milieu d'un chœur d'anges à saint Torbido et à saint Bernard. Ce dernier est recommandé par saint Bruno à la puissante protection de Marie.

GHIRLANDAIO (Dominique CORRADI, ordinairement appelé), *né à Florence en 1451, mort à Rome en 1495.*

15. — La Vierge et l'Enfant-Jésus. Trois anges tenant chacun une tige de lis, sont rangés à gauche de Marie. Devant elle est saint Jean-Baptiste en bas-âge, auquel elle témoigne par une caresse combien elle est touchée de la vénération qu'il montre pour son fils. L'enfant divin, assis sur les genoux de sa mère, tient de la main gauche un globe surmonté d'une croix, symbole de la rédemption, et bénit de la main droite son précurseur.

GIORDANO (Lucas), *né à Naples en 1632, mort dans la même ville en 1705.*

16. — Saint Pierre pleurant la faute qu'il a commise en reniant son maître.

Ce tableau est un pastiche, autrement dit une imitation libre du style de Guido Reni.

GUERCHIN (Jean-François BARBIERI, dit le), *né à Cento en 1590, mort en 1666; élève de Cremonini et de Benedetto.*

17. — Tandis que Vafrin s'empresse de secourir

Tancrède étendu par terre, et presque sans vie, la tendre Herminie se précipite vers le héros blessé dont la vue la pénètre de douleur : sujet tiré de Jérusalem délivrée.

Un graveur italien a fait une estampe d'après ce tableau, du vivant même de l'auteur.

LAURI (Philippe) *né à Rome en 1623, mort dans la même ville en 1694; élève de son frère François et d'Angélo Caroselli, son beau-frère.*

18. — L'érection de la croix.

Ce tableau est un de ceux qui composaient le riche cabinet du duc de Choiseul-Praslin. On le croit de Dominiquin.

LUCATELLI (André), *peintre italien, mort à Rome en 1741. On ignore le lieu et l'époque de sa naissance.*

19. — Paysage montagneux. Au premier plan, qu'ombrage un bouquet d'arbres, un homme debout s'entretient avec deux autres qui sont assis sur le bord d'un chemin étroit et rocailleux.

20. — Paysage. Eloigné du passage des voyageurs, rafraîchi par le cours sinueux d'une rivière, et par l'ombrage de plusieurs arbres touffus, ce lieu est un de ceux qui invitent au repos et au plaisir du bain. C'est ce que Lucatelli a voulu faire entendre par cette femme qui se repose à l'ombre en causant avec un homme

qui s'est approché d'elle, et par ces trois baigneurs, l'un au milieu de la rivière, les deux autres se disposant à y entrer.

PALMA le jeune (Jacques), *né à Venise en 1544, mort dans la même ville en 1628.*

21. — Sisara, étendu par terre, reçoit la mort des mains de Jahel qui lui enfonce un grand clou dans la tête.

Ce tableau porte le nom de l'auteur et l'année dans laquelle il a été peint.

PANNINI (Jean-Paul), *né à Plaisance en 1691, mort à Florence dans un âge très-avancé.*

22. — Vue du *Camp-Vaccino* à Rome. On remarque à main droite et tout à fait sur le premier plan, un des angles du temple de la Concorde, et un peu plus loin, trois colonnes isolées, restes de celui de Jupiter tonnant. A gauche, se voient encore les ruines de deux temples antiques. Celui qui est orné d'un péristyle était consacré à Antonin et à Faustine; l'autre, dédié à la Paix, se reconnaît aux trois grandes arcades très-élevées, dont la partie inférieure est masquée par une petite église et autres édifices modernes. L'extrémité de la place est fermée par l'arc de Titus, à travers lequel on aperçoit la campagne.

23. — Le pendant du précédent tableau. L'auteur y a représenté la statue antique nommée le Gladiateur, les ruines imposantes du Colysée et l'arc de Constantin.

PULIGO (Dominique), *né à Florence en 1375, mort en 1427; élève, collaborateur et ami d'André del Sarte.*

24. — La Vierge, l'Enfant-Jésus et saint Jean-Baptiste enfant.

RAPHAEL (Copie d'après). RAFFAELLO, *fils d'un médiocre peintre nommé Sanzio ou di Santi, naquit à Urbin en 1483, et mourut à Rome en 1520.*

25. — Le sommeil de Jésus. La Vierge, agenouillée près du berceau de son fils, écarte le voile dont il est couvert, pour l'exposer aux regards de saint Jean-Baptiste, représenté en adoration.

SCHEDONE (Barthélemy), *né à Modène, mort à Parme en 1615; élève des Carrache.*

26. — Le martyre de saint Sébastien. Ici, contre l'ordinaire, le défenseur de l'église romaine est attaché à une colonne, dans un lieu où l'on voit des lances et des enseignes placés contre un mur. Une flèche est enfoncée dans la poitrine du martyr; un soldat inhumain, placé derrière lui, serre le nœud du lien avec lequel il est garotté; et cependant les souffrances qu'il éprouve altèrent à peine les traits de son visage, tant sa confiance en Dieu lui inspire de résignation.

SCHIAVONE (André MEDULA, dit le), *né à Sebenico (Dalmatie) en 1522, mort en 1582.*

27. — Joseph expliquant les songes d'un pharaon d'Egypte. Ce pharaon ou roi, dont le nom s'est perdu

dans l'abîme des siècles, est assis sur son trône, et prête l'oreille aux explications de Joseph. A ses côtés, au pied du trône, sont placés ses ministres et plusieurs officiers de sa cour.

28. — Les envoyés de Joseph cherchant la coupe qu'il a fait cacher dans un des sacs de blé délivrés à ses frères.

SOLIMENE (François) dit L'ABBATE CICCIO, *né en 1657 à Nocera di Pagani, mort en 1747, dans sa maison de campagne* la Barra, *située à quatre milles de Naples; élève de son père et de François di Maria.*

29. — Jacob, après avoir pris congé d'Isaac, partit de Beersabée, et prit le chemin d'Haran. Etant arrivé à Luza, et voulant s'y reposer avant le coucher du soleil, il prit une pierre, et l'ayant mise sous sa tête, il s'endormit. Alors il vit en songe une échelle où des anges montaient et descendaient, et sur le haut de laquelle était appuyé le Seigneur qui lui dit : « Je suis le Seigneur, le Dieu d'Abraham votre père; je vous donnerai et à votre race la terre où vous dormez, etc. » *(Histoire de l'Ancien Testament).*

Tel est le sujet représenté dans ce tableau, qui provient de la galerie Errard.

TIARINI (Alexandre), *né à Bologne en 1577, mort en 1668; élève de Prosper Fontana.*

30. — Buste de saint Jean l'évangéliste. A côté de cette tête mâle, expressive et belle, on voit celle d'un

aigle, l'un des quatre animaux symboliques marqués dans la vision d'Ezéchiel, et l'attribut ordinaire de l'apôtre bien-aimé.

VOLAIRE (Le Ch.), *né et mort en Italie. Il a imité Joseph Vernet.*

31. — Vue du Vésuve, au moment d'une grande éruption et pendant la nuit.

ÉCOLE ESPAGNOLE

COELLO (Claudio), *né à Madrid, où il mourut en 1693.*

32. — Madeleine pénitente. La célèbre pécheresse, les regards tournés vers le ciel, invoque la clémence divine.

HERRERA le vieux (François), *né à Séville en 1576, mort à Madrid; élève de Pacheco.*

33. — David retiré à l'écart, prie le Seigneur de lui pardonner la faute que sa passion pour Bethsabée lui a fait commettre.

34. — Saint personnage qu'on croit être Job tombé dans la misère et l'affliction.

MURILLO (Barthélemy-Esteban), *né à Séville au commencement de 1618, mort en 1682 dans la même ville; élève de Juan del Castillo.*

35. — Jésus ne pouvant plus se traîner sous le poids de sa croix, cède au besoin de se reposer; pendant ce temps la Vierge Marie, à genoux, les mains jointes, les yeux baignés de larmes, la prière à la bouche, paraît exhorter le Sauveur et lui rappeler son courage et sa résignation. Mais elle est mère, et ce courage qu'elle veut inspirer, elle ne l'a pas elle-même; ses traits expriment le déchirement de cœur que lui causent les souffrances de son fils, les outrages qu'il reçoit, et l'infamante mort à laquelle il est condamné.

PALOMINO DE VELASCO (don Aciscle-Antoine). *Ce peintre naquit à Bujalance en 1653, et mourut à Madrid en 1726. Il eut pour maître Jean Valdès Leal.*

36. — Saint Sébastien. Les bras attachés à un tronc d'arbre, et déjà percé d'une flèche dans le côté gauche, le saint martyr tourne avec confiance ses regards vers le ciel, et offre à Dieu le sacrifice de ses souffrances.

Ce tableau a fait partie de la fameuse galerie d'Errard, où il était regardé comme un ouvrage de Dominique Zampieri, dit le Dominiquin.

RIBERA (Joseph de), surnommé l'ESPAGNOLET, *né à Xavita, aujourd'hui Saint-Philippe, dans le royaume de Valence, mort à Naples en 1656.*

37. — Philosophe tenant et montrant un livre ouvert.

38. — Astronome. Son air méditatif, la plume qu'il a en main, la longue bande de papirus qui est étendue sur ses genoux, expriment qu'il est censé se préparer, soit à faire quelques calculs, soit à mettre par écrit le résultat de quelque observation astronomique.

ÉCOLES

FLAMANDE ET HOLLANDAISE

AELST (Guillaume van), *né à Delft vers 1620, mort en 1679.*

39. — Bouquet de fleurs placées dans un bocal sur une table de marbre.

BALEN (Henri van), *né vers 1560 dans la ville d'Anvers où il mourut en 1638; eut pour maître Adam van Oort.*

40. — Une femme et deux enfants présentent à Bacchus et à Cérès une offrande de blé, de fruits et de fleurs.

BERRÉ, *né à Anvers.*

41. — Combats de deux jeunes taureaux sur le devant d'un pâturage; un paysan accourt pour les séparer; un chien aboie contre eux.

BRIL (Paul), *né à Anvers en 1556, mort à Rome en 1626; élève de Daniel Wortelmans et de Mathieu Bril, son frère.*

42. — Paysage enrichi de figures réprésentant des gardiens de troupeaux; c'est probablement la vue d'un site dessiné d'après nature en Italie.

CHAMPAIGNE (Philippe de), *né à Bruxelles en 1602, mort à Paris en 1674.*

43. — L'assomption de la Vierge. La glorieuse mère du Rédempteur est soutenue, au milieu des airs, par un léger nuage au-dessous duquel voltigent plusieurs anges sous les traits d'enfants ailés.

Avant la Révolution française, ce tableau ornait le plafond de la chapelle Tubœuf, dans l'église des Chartreux à Paris.

44. — Portrait d'un homme d'église.

CRANACH (Lucas), *né à Cranach dans le Bamberg, en 1472, mort à Weymar en 1553.*

45. — Les portraits de Frédéric III et de Jean..., électeurs de Saxe.

CUYLEN (Corneille Janson van), *né en Hollande vers la fin du XVI siècle.*

46. — Portrait d'une dame hollandaise. Elle est représentée de trois quarts, à mi-corps, en robe de soie noire, avec des bracelets, un collier, et un nœud de perles dans ses cheveux.

2

DIETRICK, souvent appelé DETRICY (Chrétien —
Guillaume-Ernest), *né à Weymar en 1712, mort
à Dresde en 1774.*

47. — Portrait d'un homme âgé, ayant le menton
garni d'une barbe longue et blanche, la tête couverte
d'une toque, et les épaules enveloppées d'une espèce
de robe de chambre garnie de fourrure.

DYCK (Antoine van), *né à Anvers en 1590, mort à
Londres en 1641; élève de Rubens.*

48. — Méléagre présentant à Atalante la hure du
sanglier de Calydon *(Métamorphoses d'Ovide).* Près
de ces deux personnages sont groupées diverses pièces
de gibier. Ces accessoires ont été peints par Benedetle
de Castiglione, élève de van Dyck.

EECKHOUT (Gerbrant vanden), *né à Amsterdam
le 19 août 1621, mort dans la même ville le 22
juillet 1674, eut pour maître le célèbre Rembrandt, dont il a été le plus fidèle imitateur.*

49. — Juif arménien représenté à mi-corps, dans
l'action d'un homme qui débat quelque affaire d'intérêt.

Une main étrangère, dans le dessein de faire passer
ce tableau pour un ouvrage de Rembrandt, y a tracé
le nom de ce maître.

EYCK (tableau du temps des Frères van).

50. — Madone. Suivant un ancien usage, la Vierge
Marie est représentée assise sur un trône, avec l'Enfant-
Jésus sur ses genoux. Un ange soutient une couronne
au-dessus de sa tête; cinq autres célèbrent ses vertus

et la gloire du Tout-Puissant. Saint-Joseph est représenté sur un autre plan; ailleurs, et comme épisode, se
voit encore le sujet de la salutation angélique.

FRANCK le jeune (François), *né en 1580 à Anvers,*
mort dans la même ville en 1642; élève de son
père.

51. — La femme adultère. Le moment choisi par le
peintre est probablement celui où Jésus, voyant que les
Pharisiens et les docteurs de la loi s'étaient retirés, se
tourna vers cette femme, et lui dit avec bonté : « Femme, où sont vos accusateurs ? Personne ne vous a-t-il
condamnée ?.... Je ne vous condamnerai point non plus;
allez-vous-en, et désormais ne péchez plus. » Parmi les
gens du peuple qui sont présents, les uns s'approchent
de Jésus pour écouter ses paroles, les autres s'inclinent
pour lire ce qu'il vient d'écrire avec le doigt sur le sable. On sait qu'il y traça ces mots : « Que celui d'entre
vous qui est sans péché lui jette la première pierre. »

FYT (Jean), *né à Anvers, florissait vers 1650.*

52. — Un fusil de chasse, un lièvre, des perdrix et
autres pièces de gibier, posés à terre au pied d'un chê-
ne et gardés par trois chiens.

GLAUBER (Jean) dit POLIDOR, *né à Utrecht en*
1646, mort à Amsterdam en 1726; élève de Ber-
ghem.

53. — Paysage. Des femmes cueillent des fleurs
pour en orner un tombeau sur lequel de grands arbres étendent un mystérieux ombrage. Ces figures sont

de la main de Gérard de Lairesse, peintre, né à Liége
en 1640, et mort à Amsterdam en 1711.

GRYEF (Abraham). *Par un inconcevable oubli, les
biographes ne font aucune mention de ce peintre.*

54. — Animaux de basse-cour, gibier, fruits et autres objets de nature morte.

55. — Gibier gardé par des chiens qui effarouchent
des canards.

HANNEMAN (Adrien), *né à La Haye en 1610, et
mort vers l'an 1674.*

56. — Portrait d'une dame hollandaise du XVIIe
siècle. Elle est vue à mi-corps, dans l'intérieur d'une
serre, la main gauche appuyée sur le bord d'un grand
vase, et cueillant de la main droite un citron.

HELST (Bartholomé Vander), *né en 1613 à Har-
lem, où il mourut dans un âge avancé.*

57. — Portrait en buste d'un homme d'église.

HERMAN D'ITALIE (Herman SWANEVELT, plus
ordinairement appelé), *né vers 1620 dans une
ville de Hollande dont on ignore le nom.*

58. — Paysage baigné par une rivière sur le bord
de laquelle on remarque deux hommes se disposant
à pêcher.

59. — Paysage avec effet de soleil couchant. Au premier plan se voient un homme et une femme voyageant
à pied.

HONDEKŒTER (Melchior), *né à Utrecht en 1636, mort dans la même ville en 1695.*

60. — Un singe à longue queue et un perroquet. Le singe regarde d'un œil avide un limaçon qui rampe devant lui.

JORDAENS (Jacques), *né à Anvers en 1594, mort dans la même ville en 1678; élève d'Adam Van Oort.*

61. — Les rois d'Arabie et de Saba adorant le Messie à la porte de l'étable où la Vierge lui a donné le jour.

KABEL (Jean Vander), *né à Ryswick près de La Haye en 1631; élève de Jean Van Goyen; mort à Lyon en 1695.*

62. — Paysage montagneux, enrichi de ruines et baigné par une rivière sur le bord de laquelle on remarque deux pêcheurs. Deux graves personnages s'avancent en causant par un étroit sentier; d'autres se reposent sur un tertre où paissent quelques brebis gardées par un berger.

63. — Paysage. Sur le devant, un pêcheur chargé de son filet marche le long d'un large ruisseau près duquel deux voyageurs se reposent et prennent le frais.

Dans ce tableau, ainsi que dans le précédent, l'auteur a imité le style de Francisque Bolognèze, élève des Carrache.

KESSEL (Jean van), *né à Anvers en 1626, mort dans la même ville, on ne sait en quelle année; on ignore également quel fut son maître.*

64. — Onze petits tableaux réunis dans le même cadre et représentant des poissons, des oiseaux, des fleurs, des fruits, des légumes et autres objets de nature morte.

LOO (Jacques van), *né à l'Écluse en Flandre, d'une famille noble. Il reçut de son père, Jean van Loo, les premières leçons de peinture, et fut reçu à l'Académie de Paris en 1665.*

65. — La mélancolie.

Elle est représentée par une jeune femme dont l'attitude et les traits expriment qu'elle s'abandonne à d'attristantes rêveries.

MESSYS (Jan, en français Jean), *né à Anvers vers 1480; élève de son père, Quintin Messys, souvent appelé le maréchal d'Anvers.*

66. — Cinq paysans belges, animés par un joueur de vielle, et plus encore par les vapeurs du vin, s'abandonnent aux transports d'une folle gaîté.

MEULEN (Antoine–François Vander), *né à Bruxelles en 1634, mort à Paris en 1690; élève de Pierre Snayers.*

67. — Choc de cavalerie.

MIERIS (François), *né à Delft le 16 avril 1635, mort à Leyden le 12 mars 1681; élève d'Abraham Toornwliet, de Gérard Dow et de Vander Tempel.*

68. — Portrait en buste d'un bourgmestre hollandais.

Ce petit tableau était autrefois dans le riche cabinet de Van Leyden. Plus tard il a fait partie de celui de Pierre Le Brun, le connaisseur le plus renommé de son temps.

MILÉ (Jean–Francisque), *né à Anvers en 1644, mort à Paris en 1680; élève de Laurent Franck.*

69. — Paysage historique. L'auteur y a représenté la Samaritaine ayant un genou à terre près du puits de Jacob, et écoutant avec surprise les paroles de Jésus qu'elle prend pour un prophète. Un peu plus loin, on voit plusieurs disciples du Seigneur revenant de la ville de Sichem où il les avait envoyés pour acheter des vivres.

MOL (Pierre Van), *né à Anvers en 1580, mort à Paris en 1650; élève de Rubens.*

70. — Les apprêts de la sépulture de Jésus-Christ. Le corps du Sauveur, détaché de la croix et posé à terre, le dos appuyé contre les genoux de sa triste mère, est l'objet des regrets de plusieurs autres saints personnages, qui se disposent à l'ensevelir. Un ange à genoux et pénétré lui-même de la plus vive douleur, soulève une des mains du Christ et la baise avec un saint respect.

OMMEGANCK (Balthazar-Paul), *né à Anvers en 1755, mort dans la même ville en 1826; élève d'Antonissens.*

71. — Pâtre gardant des vaches dans un pâturage. La teinte enflammée de l'horizon, les nuages dont le ciel est chargé, annoncent à la fois et le déclin du jour et l'approche d'un orage.

ORRIZZONTE (Jean-François van BLŒMEN, sur- nommé en Italie), *né à Anvers en 1656, et mort à Rome en 1740.*

72. — Paysage. Deux torrents jaillissent des flancs d'une montagne escarpée qui s'élève au milieu du point de vue. Çà et là des voyageurs se reposent sur le bord d'un chemin.

73. — Autre paysage, servant de pendant à celui qui précède. On y distingue les ruines d'une ancienne ville, située sur le bord de la mer.

PORBUS (François), *né à Bruges en 1570, mort à Paris en 1622; élève de son père.*

74. — Les portraits en pied de François II de Mé- dicis, grand-duc de Toscane, et de Marie, sa fille, plus tard femme de Henri IV.

On voit dans le fond du tableau la cérémonie du mariage de cette princesse avec le grand Henri. Le cardinal Aldobrandin unit les époux; le roi de France est représenté par le duc de Bellegarde chargé de sa procuration.

On ne peut écrire ni prononcer le nom de Henri IV, sans se souvenir de sa vaillance, de son enjoûment, et surtout de son extrême bonté.

ROCHMAN (Roland), *né à Amsterdam en 1597. On ignore quand il mourut, mais on sait qu'il vécut au-delà de quatre–vingt–huit ans.*

75. — Paysage éclairé par un coup de soleil, et traité dans le goût de Rembrandt, dont Rochman cultiva l'amitié. Les figures qu'on voit dans ce tableau sont de la main de Jean Lingelbach.

ROGER, *né à Bruges vers 1400; élève de Jean Van Eyck.*

76. — Les trois Marie mêlent leurs pleurs à celles que répandent la Vierge et saint Jean, soutenant, l'un et l'autre, les restes inanimés de Jésus descendu de la croix.

Aux deux côtés de ce tableau sont attachés des volets, où sont représentés saint François d'Assise et la Madeleine.

ROSE DE TIVOLI (Philippe Roos, vulgairement appelé), *élève de son père, Jean–Henri Roos, naquit à Francfort en 1655, et mourut à Rome en 1705.*

77. — Deux brebis sur le devant d'un paysage.

78. — Deux chèvres traversant une mare.

ROTHNAMER (Jean), *élève de Donouwer, naquit à Munich eu 1564, et mourut à Augsbourg en 1604.*

79. — L'Enfant-Jésus et sa mère servis par trois anges.

RUYSCH VAN POOL (Rachel), *née en 1664 à Amsterdam, où elle mourut en 1750. Elle eut pour maître Guillaume Van Aelst.*

80. — Bouquet de fleurs. Des insectes voltigent autour, d'autres s'y reposent.
Les ouvrages de Rachel Ruysch sont fort rares.

SNEYDERS (François), *né à Anvers en 1579, eut pour maître Henri Jan Balen, et mourut en 1657. Il est le premier entre les artistes qui se sont attachés à représenter les animaux.*

81. — Poissons à nageoires et à coquilles, tortues et autres animaux amphibies, déposés sur le rivage de la mer. Dans ce tableau sont encore représentés deux tritons, et plus loin Neptune se promenant avec Téthys sur la surface des flots, au milieu d'un cortége de dieux marins.

STORCK (Abraham), *né à Amsterdam vers 1650, mort dans la même ville en 1712.*

82. — Marine. C'est la vue de l'un des bras de mer qui bordent les côtes de la Hollande.

TENIERS (David), *né à Anvers en 1610, mort à Bruxelles en 1694; élève de son père et d'Adrien Brauwer.*

83. — Les singes au cabaret : espèce de parodie pittoresque des amusements du bas peuple en Belgique.

VAN VLIET (Henri), *né à Delft vers 1600, fut dirigé dans ses études par son oncle Guillaume Van Vliet.*

84. — Intérieur de temple protestant.

Cet ouvrage, regardé jusqu'à ce jour comme l'un des plus capitaux et des plus parfaits de l'auteur, provient de la belle galerie du chevalier Bonnemaison.

VERBOECKHOVEN (Louis), *peintre belge, demeurant à Bruxelles.*

85. — Vue d'une plage, au moment de la basse mer. Une barque est échouée sur un banc de sable.

VICTOOR (Jean), *florissait vers 1650. On pense qu'il eut Rembrandt pour maître.*

86. — Vieillard représenté à mi-corps, avec un costume de fantaisie qui se rapproche de celui des Orientaux. Son geste est celui d'un homme qui agite une question.

WEENIX (Jean–Baptiste), *né à Amsterdam en 1621, mort près d'Utrecht vers 1660; élève d'Abraham Bloëmaert.*

87. — Paysage. Un pâtre accompagné d'un enfant se repose près d'un puits, au milieu d'un petit troupeau de chèvres et de brebis. A gauche on voit défiler une caravane.

WYCK (Thomas), *né en Hollande vers l'an 1615.*

88. — Intérieur de ménage rustique. Une femme est occupée de la toilette d'un enfant qu'elle tient étendu sur ses genoux.

ÉCOLE FRANÇAISE

BERTIN (Jean–Victor), *né à Paris en 1775; élève de Valenciennes.*

89. — Paysage. Un berger fait paître son troupeau à l'entrée d'un bois.

90. — Autre paysage : site montagneux. Pour donner de la vie à ce tableau le peintre y a représenté deux jeunes femmes, l'une portant un paquet sur sa tête, l'autre lavant du linge à une rivière.

BIDAULD (Joseph–Xavier), *membre de l'Institut, élève de son frère Pierre–Xavier.*

91. — Paysage montagneux, baigné par une rivière, et vu au commencement d'une belle journée de printemps, l'air n'étant pas encore dégagé des vapeurs du matin.

92. — Paysage. Diverses figures, parmi lesquelles on distingue un pâtre chassant un troupeau de brebis, enrichissent le premier plan de ce tableau. Le côté gauche est orné de maisons bâties à l'italienne; du côté opposé coule une grande rivière traversée par un pont de pierre.

BLANCHARD (Jacques), *né à Paris en 1600, mort dans la même ville en 1638; neveu et élève de Nicolas Bollery.*

93. — La Sainte-Famille : tableau du meilleur faire de l'auteur.

BOILLY (Louis-Léopold), *né à la Bassée (Nord) en 1761; il n'a pas eu de maître.*

94. — Houdon dans son atelier. Il modèle en terre, d'après nature, une petite figure académique. Derrière lui sont assis deux élèves qui dessinent; à sa gauche deux de ses amis s'amusent à le voir travailler. Des statues, des bustes de personnages historiques, rangés sur des ais, ou posés sur des piédestaux, remplissent l'atelier de Houdon et concourent à faire de ce tableau un monument de peinture aussi curieux qu'intéressant.

BOUHOT (Étienne), *né à Bard-les-Époisses en 1780.*

95. — Vue intérieure de l'*Arche-Marion* à Paris. Cette arche est bâtie sous le quai de Gèvres et communique avec la Seine. Par delà la rivière, sur le quai opposé, on aperçoit les jeunes arbres qui ombragent le marché aux fleurs.

BOURGUIGNON (Jacques COURTOIS, surnommé le), *né à Saint-Hippolyte en 1621, mort à Rome en 1676; élève de son père et de Jérôme, peintre lorrain.*

96. — Choc de cavalerie.

BRUANDET (Éléazard), *peintre français, mort à Paris en 1803, n'a eu de maître que la nature.*

97. — Vue prise dans le bois de Boulogne, près Paris, à l'endroit appelé la mare d'Auteuil. Édouard Swebach y a représenté une chasse au cerf.

BRUN (Charles Le), *né à Paris en 1619, mort en 1690, entra à l'âge de onze ans dans l'école de Simon Vouet.*

98. — L'Assomption de la Vierge. La bienheureuse mère du Rédempteur s'élève vers le céleste séjour, au milieu d'un chœur d'anges, dont les regards fixés sur elle expriment le ravissement et la vénération.

CHARDIN, *né à Paris en 1699, mort en 1780, élève de Pierre-Jacques Cazes.*

99. — Table de cuisine couverte de provisions de bouche et d'ustensiles de ménage.

COUDER (Louis-Charles-Auguste), *élève de David.*

100. — Jeune femme pleurant la mort de son mari.

COYPEL (Antoine), *fils et élève de Noël Coypel, né à Paris en 1661, mort en 1722.*

101. — Sujet tiré du roman de don Quichotte. C'est le moment où le chevalier de la Manche s'entretient avec la tête enchantée, dans la maison d'Antonio Moreno.

DAVID (Jacques-Louis), *né à Paris en 1748, mort en décembre 1825 à Bruxelles où il avait été exilé, étudia la peinture à l'école de Vien.*

102. — Philoctète abandonné dans l'île de Lemnos. Ce tableau, qui faisait partie de ceux que les enfants de David firent vendre publiquement en 1835, servait

de modèle aux élèves de ce grand artiste. Ce n'était en sortant du chevalet qu'une académie, autrement dit, une figure peinte d'après nature On a cru y ajouter quelque intérêt en en faisant un personnage historique.

Vien avait commencé la restauration de l'Ecole française. Le génie de David, nourri de la contemplation du vrai beau, acheva de la relever de l'état d'abaissement dans lequel elle était tombée.

DECAISNE (Henri), *né à Bruxelles de parents français, en 1799, élève de David.*

103. — Turc fumant sa pipe. Il est nonchalamment assis sur des coussins, dans l'intérieur d'une chambre que décorent un rideau, une tapisserie et un grand vase de porcelaine chinoise.

DEMARNE (Jean-Louis), *né à Bruxelles en 1744, mort à Paris en 1829, élève de Briard.*

104. — Le déjeûner des faneurs. Le paysage est une étude peinte d'après nature.

105. — Vue prise sur le bord de la mer. Des pêcheurs débarquent du poisson; d'autres accompagnés de leurs femmes sont en marché avec des pourvoyeurs.

106. — Des citadins font un goûter avec du lait, dans la cour et à la porte d'une ferme.

DEMAY, *né à Mirecourt en 1798.*

107. — Vue prise dans l'intérieur d'un village traversé par une grande route. Un voyageur fait ferrer son cheval; un pâtre mène aux champs un troupeau de brebis.

DESTOUCHES (Paul–Emile), *né à Dampierre (Seine–Inférieure) en 1794; élève de David, de Guérin et de Gros.*

108. — Schéhérazade, accompagnée de sa sœur, raconte au sultan Schariar une des aventures des *Mille et une Nuits.*

Ce tableau, qui parut à l'exposition du Louvre en 1824, y obtint des éloges bien mérités, et fut cette même année un des morceaux que Landon choisit pour être gravés dans ses *Annales du Musée.* En effet, le caractère de chacun des personnages est bien rendu; c'est bien là aussi la magnificence asiatique jointe à la voluptueuse mollesse du sérail.

DUNOUY (Alexandre–Hyacinthe), *né à Paris en 1757; élève de Briand.*

109. — Vue d'une prairie. Les figures sont de Xavier Leprince.

DUVAL–LE–CAMUS (Pierre), *né à Lisieux en 1790; élève de David.*

110. — Une dame, assise au milieu d'un salon, est occupée à répondre à une lettre qu'un petit valet vient de lui apporter.

ENFANTIN (Augustin), *né à Belleville, près Paris, en 1793, mort à Naples en 1827; élève de Bertin.*

111. — Vue du couvent de la *Madone di Puzzano,* à Castellamare, dans le royaume de Naples.

FORBIN (Louis-Nicolas-Philippe-Auguste), comte de), *né en 1779, à la Roque (Bouches-du-Rhône); élève de Boissieu et de David.*

112. — Le jeune roi André de Hongrie, assassiné par ordre de la reine Jeanne, sa femme, est précipité, après sa mort, par l'une des fenêtres intérieures du palais sur la côte de Pausilippe, à Naples. Un religieux, son confesseur, et sa nourrice, seuls amis qui lui soient restés fidèles, viennent rendre les derniers devoirs à ce prince infortuné, qu'ils ont retiré, à l'aube du jour, baigné dans son sang et brisé dans son armure.

GARNERAY (Louis), *élève de son père Jean-François.*

113. — La pêche du marsouin. Une troupe de ces poissons se joue et bondit dans les vagues autour d'un bateau, tandis qu'un des pêcheurs, un harpon à la main, épie le moment de le lancer.

GAUFFIER (Louis), *né à Rochefort en 1762, mort à Florence en 1801.*

114. — Remus et Romulus. Le berger Faustule portant Remus et Romulus dans un des pans de son manteau, les présente à Acca Laurentia, sa femme, en lui recommandant de leur servir de nourrice et de mère. Assise sur un banc de pierre où sont posés deux vases dont l'un est rempli de lait, Laurentia tend les bras aux deux enfants, et témoigne, par cette action, qu'elle partage déjà le tendre intérêt que leur porte son époux.

3

GÉRARD (Mlle Marguerite), *née à Grasse (Var) en 1761; élève de Fragonard.*

115. — Scène familière. Assise dans un fauteuil, à l'un des côtés d'une cheminée, une jeune gouvernante se dispose à habiller un enfant, dont les regards exprimant un peu de chagrin, semblent implorer les caresses de sa jolie maman. Celle-ci, debout à l'autre côté de la cheminée, lit une lettre qui absorbe toute son attention. Derrière la suivante est un petit garçon qui dirige une baguette vers un chien dans le dessein de l'agacer.

GIRODET-TRIOSON (Anne-Louis), *né à Montargis le 5 janvier 1767, mort à Paris le 9 décembre 1824; élève de David. Son nom était Girodet; en 1822, il y joignit celui de son tuteur, M. Trioson.*

116. — Portrait d'homme représenté en buste avec un habit bleu et une cravate de soie.

GREUZE (Jean-Baptiste), *né à Tonneins en 1734, mort à Paris en 1807.*

117. — Portrait du baron Denon, directeur général des Musées de France, sous le règne de Napoléon Ier. Il est représenté en habit noir, le coude droit appuyé sur le bord d'une table, et tenant à la main une médaille d'or.

HUE (Jean-François), *né à Saint-Arnould (Eure-et-Loir), mort à Paris en 1824.*

118. — Vue du port et de la rade de Lorient, au moment d'un orage, le soleil étant prêt de se coucher.

Ce tableau, dont le premier plan est animé par diverses figures, est une étude faite d'après nature. L'auteur la peignit en 1800 pour se guider dans l'exécution d'un tableau qui lui en fut commandé par le gouvernement, et qui fait suite à la collection des ports de France, commencée par le célèbre Vernet, sous le règne de Louis XVI.

JANET (François Clouet, plus connu sous le nom de), *vivait à Paris en 1547*.

119. — Portrait d'une femme de moyenne condition.

JOZAN.

120. — Belle défense du vaisseau français le *Formidable*, contre trois vaisseaux et une frégate anglaise. Le lendemain du combat d'Algésiras, où il avait perdu un grand nombre d'hommes et une partie de sa mâture, le vaisseau le *Formidable*, commandé par Aimable Troude, est assailli en vue de Cadix par trois vaisseaux et une frégate ennemie, contre lesquels il se défend avec autant de courage que de bonheur.

121. — Le triomphe du *Formidable*. Ce vaisseau, après avoir rasé de tous ses mâts l'un des vaisseaux ennemis, voit fuir les autres qui prennent pour l'armée navale française et espagnole quelques voiles qui apparaissent à l'horizon.

Ces deux tableaux, copiés d'après les originaux que Gilbert, de Brest, a peints sous la dictée même du contre-amiral Troude, ne sont pas ici comme des modèles à imiter, mais comme des monuments destinés à honorer la mémoire d'un marin courageux que Cherbourg a vu naître.

LAFOSSE (Charles de), *Parisien, né en 1640, et mort en 1716.*

122. — Les derniers moments de la Vierge. Les apôtres, rangés autour de son lit, expriment les regrets et la pieuse vénération dont ils sont pénétrés.

123. — La présentation au Temple. Les bras tendus, un pied sur les degrés de l'autel, la Vierge Marie ne peut commander à sa sollicitude maternelle; ses mains veillent pour ainsi dire sur l'enfant qu'elle vient de remettre dans celles du grand prêtre. Le saint vieillard, les yeux élevés vers le ciel, offre cet enfant au Seigneur. Pendant ce temps, Joseph tire d'un panier les colombes dont l'offrande est ordonnée par la loi.

LARGILLIÈRE (Nicolas de), *né à Paris en 1656, mort dans la même ville en 1746.*

124. — Portrait d'homme représenté à mi-corps, coiffé d'une grande perruque et couvert d'un manteau de velours rouge, négligemment jeté sur un habit noir.

125. — Autre portrait d'homme avec grande perruque, habit bleu brodé, et manteau rouge doublé d'une étoffe jaune.

LATTRE (Henri de).

126. — Intérieur d'étable. Une servante tournant le dos au spectateur, est occupée à traire une vache; une autre vache est couchée au milieu de l'étable; une troisième est vue en raccourci, la tête sur la mangeoire.

Ce tableau a été exposé au Salon de 1827.

LECOMTE (Hippolyte).

127. — Paysage orné de figures. Un laboureur vient de quitter sa charrue pour reprendre haleine, et

échanger quelques mots avec une villageoise qui passe à côté de son champ. Cette femme, montée sur un âne, tient un enfant dans ses bras, et marche en avant d'un troupeau de gros et de menu bétail, que conduit un valet armé d'un long bâton.

LEPICIÉ (Nicolas–Bernard), *né à Paris en 1720, mort dans la même ville en 1784.*

128. — Un jeune paysan demande et obtient pour être son épouse la jeune fille que son cœur a choisie.

Berwick a gravé, d'après ce tableau, une estampe qui a pour titre : *la Demande accordée.*

LESCOT (Hortense–Victorine), *épouse de M. Haudebourt, née à Paris, élève de Lethière.*

129. — Une jeune paysanne, des campagnes de Rome, s'arrête et prie devant une image de la Vierge, attachée à un arbre sur le bord d'un chemin.

LICHERIE (Louis), *né à Houdan, mort à Paris en 1687, élève de Ch. Le Brun.*

130. — La Sainte-Famille accompagnée de sainte Élisabeth et de saint Jean-Baptiste enfant.

MALLET (Jean–Baptiste), *né à Grasse (Var) en 1759, commença ses études en peinture à Toulon; arrivé à Paris, il prit des leçons de Mérimée et de Prud'hon.*

131. — Geneviève de Brabant dans sa prison Étant accouchée seule et privée de tous secours, Geneviève administre elle-même le baptême à son fils, et le nomme Benony.

132. — Les Parques, de concert avec les Amours, filent à l'Hymen des jours embellis de fleurs.

MEUNIER (Pierre-Louis), *né à Alençon (Orne) vers 1780, mort à Paris en 1811; élève de Malbeste.*

133. — Point de vue d'un site agreste. Sur le premier plan est un berger conduisant un troupeau de brebis. Ces figures sont de Duval (Eustache-François).

MONTVIGNIER.

134. — Vue d'un monastère situé près d'un pont dans une étroite vallée.

Ce tableau fut admis à l'exposition publique du Louvre, en 1827.

OUDRY (Jean-Baptiste), *né à Paris en 1686, mort à Beauvais en 1765; élève de son père et de Largillière.*

135. — Un aigle saisit un lièvre avec son bec et ses serres, et se dispose à l'enlever.

PATEL le père (Pierre), *né en 1634.*

136 et 136 bis. — Deux paysages. Dans l'un on voit deux chasseurs sur le bord d'une rivière; dans l'autre trois graves personnages en conversation. Ces petites figures sont de Lesueur.

POUSSIN (Nicolas), *né aux Andelys (Eure), en 1595, mort à Rome en 1665; élève de Quintin Varin.*

137. — Vue prise dans les environs de Rome. Sur le premier plan, autour d'un portique dont la base est

enterrée, sont épars des débris d'architecture. Au second plan, en avant d'un mur adossé à une espèce de chapelle dominée par de grands édifices, on remarque une statue couchée sur un sarcophage que soutiennent deux griffons, et au-dessus duquel sont placés deux vases et un buste de porphyre. Des personnages, vêtus à l'antique, se promènent dans des sentiers bordés de gazon.

Cette rare et précieuse peinture a fait partie de deux cabinets également fameux, celui de Granpré et celui du baron Denon.

138. — La Vierge Marie pleurant sur le corps de Jésus qu'elle soutient dans ses bras. Ce tableau, quoique peint d'un jet et en manière d'esquisse, n'en a pas moins été jugé digne d'occuper une place dans la galerie de feu M. Lapeyrière, galerie où se trouvaient des morceaux de peinture si précieux et si rares, que leurs pareils ne s'étaient jamais vus dans le cabinet d'aucun amateur français.

139. — Pyrame et Thisbé.

Ad nomen Thisbes oculos jàm morte gravatos Pyramus exerit. . . . .

Métamorphoses d'Ovide.

C'est de ce vers et des deux précédents que Poussin a tiré le sujet de son tableau. Thisbé à genoux, les bras tendus vers son amant, lui crie, tout éperdue : « Pyrame, réponds-moi, c'est ta chère Thisbé qui t'appelle ! » entends sa voix, soulève ta tête !.... Au nom de » Thisbé, Pyrame ouvre ses yeux déjà appesantis par » la mort... »

Ce peu de mots, empruntés d'Ovide, explique parfaitement l'action des figures du Poussin, ou, pour mieux dire, le peintre a fidèlement rendu les paroles du poète. L'épée, le voile ensanglanté, l'arbre sous lequel la scène se passe, la fontaine qui est là tout près, ce lion qu'on aperçoit plus loin à l'entrée de la forêt, auraient suffi pour achever la composition; mais le Poussin a renchéri sur Ovide en y ajoutant un amour brisant tristement son arc.

Du reste, la couleur sombre du tableau est motivée; l'action se passe au déclin du jour.

PRUD'HON (Pierre—Paul), *né à Cluny le 6 avril 1760, mort à Paris le 16 février 1823, eut pour maître Devosger de Dijon, et remporta dans cette ville le grand prix de peinture fondé par les États de Bourgogne.*

140. — L'assomption de la Vierge; répétition inachevée du tableau que l'auteur peignit en 1819 pour la chapelle des Tuileries.

REVOIL (Pierre), *né à Lyon en 1776, professeur à l'École royale des Beaux—Arts de cette ville depuis 1808, époque de la création de cet établissement.*

141. — Deux jeunes châtelaines vêtues à la manière des dames du XVIᵉ siècle, sont agenouillées sur le bord d'une rivière, où elles s'amusent d'un cygne qu'elles ont accoutumé à venir manger à la main.

RICHARD (Fleury—François), *né à Lyon; élève de David.*

142. — François Iᵉʳ, encore enfant, présenté à Louis XII. La scène se passe dans une grande galerie.

Le roi de France, assis dans un fauteuil, embrasse le jeune duc d'Angoulême (depuis François Iᵉʳ) que lui présente Louise de Savoie, femme de Charles d'Orléans et mère du petit prince. Derrière le fauteuil du roi se tiennent trois grands personnages de la cour, entre lesquels on distingue le cardinal d'Amboise. La jeune Marguerite de Valois, sœur de François Iᵉʳ, est à côté de sa mère, en face de Louis XII.

RIGAUD (Hyacinthe), *né à Perpignan en 1659,
mort à Paris en 1743.*

143. — Le financier Montmartel et son épouse. Rigaud n'a rien produit de plus parfait que ces deux portraits.

RIOULT (Louis–Edouard).

144. — Un petit garçon regardant dessiner un jeune homme dans l'atelier d'un peintre.

ROBERT (Hubert), *né à Paris en 1753, mort dans
la même ville en 1808. Il n'a point eu de maître.*

145. — Ruines d'un temple antique.

146. — Autres ruines parmi lesquelles on distingue un arc de triomphe et le Colysée.

SUEUR (Eustache), *né à Paris en 1617, mort dans
la même ville en 1655.*

147. — Jésus, à la porte d'un temple, enseigne sa doctrine aux Juifs, et les appelle tous à lui; c'est ce qu'expliquent les mots *venite ad me omnes*, tracés sur une banderole que déploie un ange en voltigeant

au-dessus de la tête de l'homme-dieu. Quoique ce tableau se ressente un peu des premières études de Le Sueur, ce n'en est pas moins un ouvrage d'un grand mérite.

148. — Figure emblématique de la justice divine. Ici la justice divine est représentée assise sur un nuage, le front ceint d'un diadème, la main droite armée d'un glaive et tenant de la gauche une balance, symboles de son pouvoir absolu, de l'impartialité avec laquelle elle pèse les actions des hommes, et des châtiments sévères qu'elle inflige aux coupables. La colombe resplendissante qu'on voit planer au-dessus de sa tête est l'emblème du Saint-Esprit, dont les lumières, inhérentes à la justice divine, sont nécessaires à ceux qui sont chargés de remplir ses augustes fonctions sur la terre. Un faisceau d'armes, un livre, indiquent que la science et la force sont deux attributs de la justice.

SWEBACH (Jacques-François-Joseph), *né à Metz en 1769, mort à Paris en 1824, élève de Duplessis. A l'âge de quatorze ans, il eut le plaisir de voir couronner un de ses ouvrages exposé à la place Dauphine.*

149. — Course de chevaux. Elle est représentée sur le second plan du tableau, en présence d'un grand nombre de curieux. Au premier plan, on voit trois jockeys, l'un menant un cheval par la bride, un autre en selle et recevant les instructions de son maître, le troisième répondant aux questions que lui adresse une dame.

SWEBACH (Edouard), *fils et élève de J.-F.-J. Swebach, son père.*

150. — Trois chasseurs à cheval sortent d'un taillis et franchissent une palissade. Deux chiens courent devant eux et sont censés poursuivre un cerf ou une autre bête fauve.

TAUNAY (Nicolas-Antoine), *né à Paris en 1755, mort dans cette ville en 1830.*

151. — Des bergers de l'antique Arcadie se disputent sur la flûte l'honneur d'être couronnés par une bergère.

Ce tableau obtint, à l'exposition du Louvre, en 1830, les suffrages de tous les connaisseurs.

TOURNIÈRES (Robert), *né à Caen en 1676, mort dans la même ville en 1752; élève de Lucas de La Haye et de Bon Boullongne.*

152. — Portrait d'un architecte.

TROY (François de), *élève de son père, né à Toulouse en 1645 et mort à Paris en 1730, après avoir été directeur de l'Académie.*

153. — Portrait de François Dorban, architecte français.

TRUCHOT, *mort vers l'an 1823.*

154. — Vue intérieure d'une église d'architecture mauresque. L'auteur y a représenté Mérovée et sa femme Brunehaut se réfugiant aux pieds des autels,

pour éviter la colère de Chilpéric, envers qui leur union était un violent outrage.

VALLIN.

155. — Paysage orné de figures aussi sveltes que gracieuses, représentant Diane et plusieurs de ses nymphes au moment d'un départ pour la chasse.

VANLOO (Cæsar), *né et mort à Paris.*

156. — Paysage avec effet de neige. Une femme précède un âne chargé de deux hottes; un chasseur suivi de son chien parcourt la campagne.

VERNET (Claude–Joseph), *né à Avignon en 1714, mort à Paris en 1789; élève de son père et d'André Lucatelli.*

157. — Paysage. Au milieu s'élève une colline dont le sommet est couronné par d'anciennes fortifications. Sur le premier plan, des femmes sont occupées à laver du linge à une rivière.

Ce tableau a été peint à Rome en 1750; c'est le temps où Vernet était parvenu au faîte de son admirable talent.

VIVIEN (Joseph), *né à Lyon en 1657, mort à Bonn, en Allemagne, en 1735.*

158. — Portrait de François Girardon. Le célèbre sculpteur est représenté en buste dans un médaillon posé sur un socle de pierre. Une colonne, un rideau, une tête de marbre, et des outils servant à la sculpture, enrichissent le fond du tableau.

VOUET (Simon), *né à Paris en 1582, mort dans la même ville en 1641.*

159. — Cérès foulant aux pieds les attributs de la guerre, tient de la main droite une statue de Pluton, de l'autre des épis de blé, et conjure Neptune de calmer les flots.

Une estampe, gravée d'après ce tableau, fut dédiée au cardinal de Richelieu, pour lequel il avait été peint.

ÉCOLE ANGLAISE

O'CONNOR.

160. — Point de vue d'un site montagneux, dessiné en Irlande, et représenté en automne au moment où le soleil levant vient de franchir la cime des montagnes.

SUPPLÉMENT

DUGHET (Gaspard), *communément appelé le*
Gaspre *et quelquefois le* Gaspre Poussin, *né à Rome
en 1613, mort dans la même ville en 1675.*

161. — Paysage. C'est, on n'en peut douter, la repré-
sentation fidèle d'un site existant dans les environs de
Rome ou de Tivoli. Le Gaspre, aux yeux duquel il ne
pouvait manquer de plaire, et qui prit toujours la
nature pour modèle, le dessina plusieurs fois, tantôt
d'un point, tantôt d'un autre, et le répéta sur la toile.
C'est ce que démontre un autre paysage gravé en
Angleterre par Chatelain, et faisant partie de la collection du comte Burlington. Les figures de celui-ci sont
du pinceau de Nicolas Poussin, beau-frère de Gaspard
Dughet.

LAIRESSE (Gérard de), *né à Liége en 1640, mort à
Amsterdam en 1711, élève de son père Renier de
Lairesse.*

162. — Allégorie. Une jeune reine est assise sur un
trône élevé et entourée de personnages symboliques
figurant la bonté de son gouvernement, la protection
qu'elle accorde aux sciences et aux beaux-arts, et la
célébrité dont elle jouit. Ici, par exemple, vous voyez
la peinture personnifiée par une femme que Minerve
inspire et que le temps instruit; là, des génies, sous
la forme d'enfants ailés; au-delà du trône, la Renom-

mée tenant à la main l'infatigable trompette; et comme, selon la mythologie dont l'auteur a emprunté les figures emblématiques introduites dans sa composition, Apollon est la source de toute lumière, ce dieu est représenté au milieu des airs, d'où il est censé prêter à la jeune souveraine le secours de ses divines clartés.

Il est probable que ce tableau est un éloge, ou peut-être une flatterie adressée à quelque princesse régnante, contemporaine de Gérard de Lairesse.

LEFEBVRE (Robert), *né à Bayeux le 18 avril 1756, mort à Paris le 3 octobre 1830, fut élève de Régnault : il a peint l'histoire et le portrait.*

163. — Portrait de Louis XVI, fondateur de l'établissement maritime de Cherbourg.

La ville doit à cet infortuné monarque des souvenirs de reconnaissance.

HENRY (Bon–Thomas), *donateur et fondateur du Musée, né à Cherbourg le 2 mars 1766, mort à Paris en 1836.*

164. — Un paysage.

165. — Moulin au milieu d'un paysage.

SCULPTURE

CLODION (Claude–Michel), *né à Nancy vers 1745, mort à Paris en 1814.*

Quatre bas-reliefs de terre cuite : sujets allégoriques, représentant, sous des figures de jeunes femmes vêtues de tuniques grecques :

> L'Astronomie et la Géométrie;
>
> L'Architecture et la Géographie;
>
> La Musique;
>
> La Peinture et la Sculpture.

Ces sculptures sont les projets ou esquisses terminées de quatre bas-reliefs, six fois plus grands, que l'auteur a exécutés en pierre, et qui firent partie de l'exposition du Louvre en 1779.

DEUXIÈME PARTIE

─────

TABLEAUX

Provenant de différentes Donations ou Acquisitions

─────◦○◦─────

ALLEGRETTO NUCCI.

166. — La Vierge et l'Enfant-Jésus. Ce tableau provient de la collection Campana; il a été donné par le gouvernement.

ANDRÉ (Jules), *né à Paris.*

167. — Les bords de l'Oise à Saint-Léger-sous-Bois. — Donné par le gouvernement.

BLANCHARD (Edouard), *né à Paris.*

168. — Paysage normand. — Donné par le gouvernement.

BOQUET (Virginie—Marie), *née à Paris.*

169. — Mariage mystique de Sainte-Catherine. Copie sur porcelaine d'après le Corrége. — Donné par le gouvernement.

4

CHAZAL.

170. — Lancement du vaisseau le *Friedland* au port de Cherbourg, le 4 avril 1840. Donné par le gouvernement.

CONCALVEZ NUNO.

171. — La Vierge et l'Enfant. Ce tableau, provenant de la collection Campana, a été donné par le gouvernement.

COUDER (Alexandre), *né à Paris.*

172. — Un intérieur. Donné par le gouvernement.

DESAINT, *officier supérieur de la marine.*

173. — Combat entre le vaisseau le *Formidable,* commandé par le capitaine Troude (Aimable-Gilles), depuis contre-amiral, natif de Cherbourg, et trois vaisseaux anglais et une frégate, près Cadix, le 23 messidor an IX (12 juillet 1801). Ce tableau représente la dernière position du vaisseau le *Formidable.*

Donné par M. Troude, capitaine de vaisseau, fils de M. le contre-amiral Troude.

174. — Une sortie des Saintes (Antilles) par une division de trois vaisseaux, commandée par le contre-amiral Troude, sous le feu d'une escadre anglaise.

Donné par M. Troude, fils du contre-amiral Troude.

DESLINIÈRES (Théodore).

175. — Vue du port de commerce de Cherbourg. Donné par le gouvernement.

DUNOI.

176. — Paysage. Donné par M. Troude.

DUVAL.

177. — Petit paysage. Donné par M. Troude.

FLERS (Camille), *né à Paris*.

178. — Paysage sur le bord de la mer. Donné par le gouvernement.

FLEURY (Louis–Jules–Amédée), *né à Cherbourg le 4 novembre 1845*.

179. — Une vue dans la vallée de Quincampoix, près Cherbourg.

FLINCK, *élève de Rembrandt*.

180. — Saint Jérôme, représenté au moment où il médite sa traduction des livres sacrés.

Ce tableau a été donné à la ville par M. Duvelleroy, de Cherbourg, négociant à Paris.

FOUASSE (Guillaume–Romain), *né à Réville (Manche) le 21 mai 1837*.

181. — Portrait de Vauban, célèbre ingénieur, d'après La Rivière.

L'original se trouve au musée de Versailles.

182. — Portrait de Jean-Bart, célèbre marin, d'après Marsocchi. L'original fait également partie du musée de Versailles.

FOUGÈRE (Amanda), *née à Coutances*.

183. — Fabiola, dame romaine, écoute les lectures

que lui fait Syra, son esclave, Syrienne catholique, qui la convertit à la religion catholique.

Donné par le gouvernement.

FRERET (Louis), *né à Cherbourg.*

184. — Un geai écossant des pois. Ce tableau porte la date de 1809.

185. — Poissons. Ce tableau porte la date de 1808.

FRERET (Armand), *né à Cherbourg le 18 novembre 1830.*

186. — David et Goliath. Copie d'après Le Guide.

187. — Le coucher du soleil sur la baie de Vauville, près Cherbourg, à marée basse.

GAUTIER (Etienne), *né à Marseille.*

188. — L'Etude (tête d'enfant).— Donné par le gouvernement.

GILBERT (Pierre—Julien), *né à Brest.*

189. — Deux marines (lavis). — Donné à la ville en 1844 par M. Troude, capitaine de vaisseau, fils de M. le contre-amiral Troude.

HUE (Jean—François), *né à Saint-Arnould (Eure-et-Loir), mort à Paris en 1824.*

190. — La cascade de Tivoli.— Donné par M. Troude.

JEANRON (Philippe—Auguste), *né à Boulogne-sur-Mer.*

191. — Vue d'Ambleteuse (Pas-de-Calais). —Donné par le gouvernement.

JENNET (Eugène), *né à Tourlaville, près Cher-bourg, le 12 avril 1828.*

192. — Pêcheurs de varech sur une côte de Normandie.

JOUANNE (Félix).

193. — Vue de Cherbourg au XVᵉ siècle. Copie d'après le tableau peint dans la galerie du château de Torigny, 1826.

LE CHEVALIER (Pierre-Toussaint), *né à Valognes (Manche) le 1ᵉʳ novembre 1821.*

194. — Courtisane recevant des présents. Copie d'après Sigalon.

195. — Portrait en pied de Vicq d'Azir, célèbre médecin, né à Valognes (Manche) en 1748, mort à Paris en 1794. Vicq d'Azir a été le médecin de la reine Marie-Antoinette.

196. — La belle Jardinière. Copie d'après Raphaël.

LEFÈVRE (Robert), *né à Bayeux, mort à Paris en 1830.*

197. — Portrait de M. le comte de la Couldre de la Bretonnière, capitaine de vaisseau, ancien commandant de la marine à Cherbourg.

Donné par M. le comte de la Bretonnière, son fils.

LELEUX (Armand), *né à Paris.*

198. — Le grand-père. — Donné par le gouvernement.

199. — Atelier de serrurier-maréchal. — Donné par le gouvernement.

LEROUX (Louis).

200. — Un trait de la jeunesse de Pascal. Son aptitude pour les mathématiques se manifeste dès son enfance. — Donné par le gouvernement.

MAILLOT.

201. — Intérieur d'une chapelle de cloître. Un religieux est en prière devant l'autel; sous la voûte ogivée se tiennent deux moines, l'un debout, l'autre assis.

Ce tableau a fait partie de la galerie de M. Jacques Laffite, qui le tenait de la société des Amis-des-Arts. Il a été offert à la ville par M. Duvelleroy, de Cherbourg, négociant à Paris.

MILLET (Jean-François), *né à Gréville (Manche).*

202. — Moïse.

203. — Une vierge. — Dessin d'après Raphaël.

MOREL—FATIO (Antoine—Léon), *né à Rouen.*

204. — La visite du prince président de la République à bord de l'escadre française, sur la rade de Cherbourg, en septembre 1850. — Donné par le gouvernement.

OZANNE.

205. — Vue de l'ancien Cherbourg, au crayon. — Donné par M. Bérubé, notaire à Brest.

206. — Une barque à la voile. — (Dessin à deux crayons). — Donné par M. Troude, capitaine de vaisseau.

207. — Combat entre le vaisseau le *Formidable,* commandé par le capitaine Troude, et trois vaisseaux

anglais et une frégate, le 23 messidor an IX (12 juillet 1801). — Donné par M. Troude, capitaine de vaisseau, fils du contre-amiral Troude.

PETIT (Jean-Louis), *né à Paris.*

208. — Vue du quai Napoléon de Cherbourg, en 1838. — Donné par le gouvernement.

209. — Vue du phare de Gatteville, arrondissement de Cherbourg. — Donné par le gouvernement.

SAINT–CLAIR (Jean–Nicolas), *né à Arras.*

210. — Serment d'amour à la fontaine.

SOYER (Paul), *né à Paris.*

211. — Une répétition dans la sacristie avant la messe. — Donné par le gouvernement.

TEUKATE.

212. — Pêcheurs de l'île de Marken (Hollande). — Donné par le gouvernement.

VALLIN.

213. — La tentation de saint Antoine. — Donné par M. Troude, capitaine de vaisseau.

214. — La chaste Suzanne. — Idem.

215. — Henri IV jouant avec ses enfants. — Idem.

VINCI (Léonard de), *né en 1452 au château de Vinci, près Florence, mort en 1519 au château d'Amboise.*

216. — Son portrait peint par lui-même. Ce tableau provient de la collection Campana et a été donné par le gouvernement.

TABLEAUX

Dont les Auteurs ne sont pas connus.

217. — Vue ancienne de Cherbourg, prise du Roule.

218. — Fleurs.

219. — Mars et Vénus.

220. — Portrait de Mme de Mirbel, née Rue (Lizinca-Aimée-Zoë), célèbre miniaturiste. Mme de Mirbel est née le 8 thermidor an IV (26 juillet 1796) à Cherbourg, où son père exerçait les fonctions de contrôleur de la marine; elle épousa, en 1823, M. Brisseau de Mirbel, professeur de botanique au Jardin des Plantes, membre de l'Institut; elle est décédée en 1849.

Son portrait a été donné à la ville par M. Rue (Gédéon), son frère.

221. — Portrait de M. le comte de Chavagnac, capitaine de vaisseau (pastel). — Donné par Mme veuve Duval, sa nièce.

222. — Portrait de M. Hue de Caligny (Louis-Roland), directeur général des fortifications, des plans et ports de Normandie, de 1728 à 1748, fondateur du port de commerce de Cherbourg. — Donné à la ville par M. le marquis Hue de Caligny.

CHERBOURG. — IMPRIMERIE AUGUSTE MOUCHEL.

Tableaux parvenus au Musée
depuis l'impression du catalogue.

---

23 Armand Fréret. — Vue du Cap de la
Hague par un temps de pluie.

24
25 } Lemaréchal. — Marines.

26 Von Bergen. — Animaux.

27 École française. — Portrait d'homme

28 École de Sienne. XVᵉ Siècle — Vierge.

29 C. Charpentier — Portrait de l'amiral
Duperré.

30 Bin — Bûcheron et Hamadryade.

31 École italienne. — Un Guerrier debout
d'après le Guerchin.

32 × × ×   Auguste et Livie.

33 × × ×   Une reine haranguant ses soldat

34 École française. XVIIIᵉ siècle — Fleurs.

Levéel — Statue équestre de Charlemag

TABLE

DES NOMS D'AUTEURS

PAR ORDRE ALPHABÉTIQUE

TABLE 59

TABLE 61

TABLE 63

www.ingramcontent.com/pod-product-compliance
Lightning Source LLC
Chambersburg PA
CBHW070951280326
41934CB00009B/2059